Die schönsten Reiterhofgeschichten für Erstleser

Liebe Eltern,

jedes Kind ist anders. Eines kennt bereits alle Buchstaben in
der Vorschule und kann sie zu Wörtern formen. Ein anderes
lernt das Abc beim Eintritt in die Schule. Für das spätere
Leseverhalten ist das völlig unerheblich. Wichtig aber ist der
Spaß am Lesen – und zwar von Anfang an. Darum muss
sich die konzeptionelle Entwicklung von Lesetexten an den
unterschiedlichen Lernentwicklungen der Kinder orientieren.
Unser Bücherbär-Erstleseprogramm umfasst deshalb
verschiedene Reihen für die Vorschule und die ersten beiden
Schulklassen. Sie bauen aufeinander auf und holen die Kinder
dort ab, wo sie sind. So wird der Lernprozess auch für den
fortgeschrittenen Erstleser leichter und die Freude am Lesen
hält ein Leben lang.

Die Geschichten in diesem Band richten sich an
Leseanfänger in der 2. Klasse.

In Zusammenarbeit mit
westermann

Sarah Bosse

Die schönsten Reiterhofgeschichten für Erstleser

Mit Bildern von Anne Ebert

Arena

1. Auflage 2014
© Arena Verlag GmbH, Würzburg 2014
Alle Rechte vorbehalten
Einband: Sonja Egger
Gesamtherstellung: Westermann Druck Zwickau GmbH
ISBN 978-3-401-70676-4

www.arena-verlag.de

Inhalt

Paul und Sina
auf dem Reiterhof

Paul lernt laufen

Paul steht auf dem weichen Boden der Reithalle.
Er stellt fest, dass er Fritzi nicht gleichzeitig in
beide Augen schauen kann. Immer nur in eins.
Er stellt auch fest, dass Fritzi ganz schön groß
ist. Viel größer, als er gedacht hat. Paul gehört
eben nicht zu den Längsten in seiner Klasse.
Wenn er ehrlich ist, dann gehört er sogar zu den
Kleinen. Wenn Fritzi den Kopf hebt, kann sie
locker über Paul hinwegschauen. Ganz
bestimmt. Puh! Aber Fritzi riecht gut. Fritzi, das
ist das Pferd, auf dem sie gleich turnen sollen.
„Ist sie nicht wunderschön?", fragt Sina. Sie
schaut Paul über die Schulter.
Ja, Sina hat recht. Fritzi ist ein schönes Pferd.
Sie hat mausgraues Fell und eine dunkle
Mähne, einen breiten Rücken und einen glatten

8

langen Schweif. Außerdem hat sie schöne
Augen. Auch wenn man sich immer nur eins
angucken kann. Aber sie ist so groß!
Die Kinder stehen in der Reithalle um das Pferd
versammelt. Sie sollen Fritzi kennenlernen.
Geduldig lässt die Stute es geschehen, dass all
die Hände an ihr herumstreicheln, kneten,
klopfen und zwirbeln.
Wie ein Spion späht Paul aus dem Augenwinkel
nach den anderen Kindern. Bisher sind nur ein
paar Mädchen in die Reithalle gekommen. Sie
tragen wie Sina Gymnastikanzüge und
Turnschläppchen. Wann wohl die anderen
Jungen kommen? In Pauls Fingern beginnt es
zu kribbeln. Ist er etwa in der falschen Gruppe?

Paul stößt Sina an. „He, wo bleiben denn die anderen Jungs?"

Sina zuckt die Schultern. „Ich glaub, da haben sich sonst nur Mädchen angemeldet."

Was? Paul spürt, wie ihm das Blut in den Kopf schießt. Nur Mädchen? Sina, die Verräterin, hat ihn reingelegt!

Paul findet Pferde und Ponys supergut. Als Sina ihn gefragt hat, ob er mit ihr zusammen Voltigieren und später Reiten lernen möchte, brauchte er gar nicht lange zu überlegen. Paul sah sich schon wie ein Cowboy auf einem schwarzen Mustang durch die Prärie preschen. Aber dass man dafür erst mal richtig reiten lernen muss, das ist Paul natürlich klar. Schließlich ist er nicht dumm! Auch Mama und Paps fanden die Idee gut.

„Das ist sehr vernünftig, dass ihr erst voltigieren wollt", hatte Mama gesagt. „Da kriegt ihr nämlich richtig das Gefühl fürs Pferd. Außerdem ist es sehr gut für eure Haltung."

Erst wusste Paul nicht, was Mama meinte. Aber dann hat Sina es ihm erklärt. „Wir kriegen dann keinen krummen Rücken. Körpergefühl, weißt du", sagte Sina und hob den rechten Zeigefinger.

„Übrigens haben sich schon ein paar andere Kinder angemeldet, die ich kenne", hatte Sina erklärt. Kinder! Pah! Von wegen Kinder! Paul kocht innerlich. Mädchen allesamt!

Jetzt kommt die Reit- und Voltigierlehrerin herüber. Sie heißt Anita und scheint ganz nett zu sein. Sie lächelt Paul an. Paul denkt: Zack, jetzt sitz ich in der Falle. Mit all den Mädchen und dem viel zu großen Pferd. Na ja, das Pferd ist wohl das kleinere Problem. Aber er kann ja jetzt nicht kneifen. Das geht gegen seine Reiterehre. Paul macht einen Schritt zurück und tritt Sina dabei ziemlich absichtlich auf den Fuß. Aber auf

dem weichen Boden scheint Sina das gar nicht
zu merken. Obwohl ihre Füße in diesen
lächerlichen Schläppchen stecken! Das ärgert
Paul noch mehr.

Da klopft Anita ihm auf die Schulter. „Du bist
sicher der Paul."

Paul nickt. „Der bin ich."

„Ich find's immer schön, wenn sich auch mal
Jungen anmelden", sagt Anita. Dann zeigt sie
auf seine Leinenturnschuhe. „Am besten, du

legst dir auch solche Schläppchen zu. Diese Schuhe hier haben zu harte Sohlen. Du kannst die Fußspitzen nicht strecken. Aber für heute ist das okay."

Paff! Anitas Worte stechen ihn wie Moskitos. Er soll seine Jungenfüße in solche affigen Schläppchen stecken? Aber das ist noch nicht das Schlimmste. Viel schlimmer ist, dass die Mädchen ihn allesamt anglotzen und ständig kichern!

Sina stößt ihm den spitzen Ellenbogen in die Rippen. „He, macht doch nichts. Solche Schläppchen gibt's auch in Schwarz. Die sehen cooler aus."

„Bäh!", macht Paul und seufzt. Aber dann sieht er die schöne Fritzi dastehen und denkt: Dieses Opfer muss ich wohl bringen.

Anita klatscht in die Hände. Die Kinder sollen sich warm machen. Sie sollen hüpfen, die Arme kreisen lassen, Fangen spielen.

Paul rennt hinter Sina her, aber er kann sie nicht einholen. Obwohl er die schnellen Schuhe

anhat. Er gehört eben zu den Kleinen und Sina hat Beine wie eine Gazelle.

Paul weiß, was die Mädchen jetzt denken: Der ist zu klein und zu dick, um schnell zu rennen. Sina ist das egal. Aber die ist ja auch seine Freundin. Sie kennen sich schon, seit sie sich im Kindergarten mit Bauklötzen beworfen haben.

Außer Atem stehen die Kinder um Anita herum. Jetzt sind alle Blicke auf die Voltigierlehrerin und das Pferd Fritzi gerichtet. Anita erklärt den Kindern zunächst, wie Fritzi ausgerüstet ist. Zaumzeug und Longe kennen alle. Dann lässt Anita die Hand an Fritzis Hals entlanggleiten bis zu dem Gurt, der um den Bauch der Stute geschnallt ist.

„Das hier ist der Voltigiergurt", erklärt sie. „Hier oben sind die Griffe und die Halteschlaufe."

Aha!, schließt Paul messerscharf, daran kann ich mich festhalten, damit ich nicht runterfalle. Die brauch ich bestimmt!

Der Gurt ist mit einer Gurtunterlage gepolstert,

damit er Fritzi nicht scheuert. Und den
komischen Riemen, der von der Trense zum
Voltigiergurt führt, nennt man Ausbindezügel.
„So", flüstert Paul Sina zu. „Das wissen wir jetzt.
Los geht's!"
Aber Sina zeigt ihm einen Vogel. „Wir müssen
doch erst mal laufen lernen."
Paul ist sprachlos. Laufen kann er eigentlich
schon ziemlich lange! Dazu braucht er doch kein
Pferd!

Aber dann versteht er schnell, was Sina meint. Die Kinder müssen sich außerhalb des Longierkreises aufstellen. Anita ruft sie einen nach dem andern auf. Zuerst lernen sie, wie sie hinter Fritzis rundem Hinterteil her in einem Bogen auf Anita zulaufen. Dann müssen sie in einem Bogen hinter der Longe zu Fritzi laufen. Sie sollen kurz den inneren Haltegriff festhalten und neben der Stute herlaufen. Und schließlich müssen die Kinder wieder hinter Fritzi den Kreis verlassen und wieder zur Gruppe laufen. Einer nach dem anderen.

Als Paul losläuft, spürt er die Blicke der Mädchen in seinem Rücken. „Guten Weg!", flüstert Sina ihm hinterher. Die beiden Wörter versucht er in seinen Ohren zu behalten, dann braucht er das Gekicher der anderen nicht zu hören. Doch als er an Fritzis Seite ist, weiß er gar nicht, wie er den Griff fassen soll. Er dreht die Hände nach oben, dann wieder anders. Er achtet so sehr auf seine Hände, dass er beinahe über seine eigenen Füße strauchelt.

Vielleicht sollte ich doch noch mal Laufen lernen, denkt Paul und muss beinahe selber kichern.

„Es ist wichtig, dass ihr euch den Weg gut einprägt", erklärt Anita. „Sonst kann es Unfälle geben."

Später zeigt sie ihnen dann, wie sie die Griffe für den Aufsprung richtig packen. Wie es am besten ist, hat etwas mit der Größe des Voltigierers zu tun.

„Auch mit dem Gewicht?", fragt ein Mädchen mit einem langen blonden Pferdeschwanz und grinst zu Paul hinüber. Sie heißt Sanne.

Und dann sollen sie tatsächlich endlich auf Fritzis Rücken springen. Und zwar im Galopp! „Können wir das nicht erst mal im Schritt ausprobieren?", fragt Nadine mit dünner Stimme. Sie ist noch ein bisschen kleiner als Paul.

Aber Anita schüttelt den Kopf und lacht. „Im Galopp geht es viel einfacher. Ihr werdet schon sehen."

In dem Moment, als Paul an der Reihe ist und sich in Fritzis Rhythmus einfindet, denkt er: Hoffentlich häng ich nicht wie ein Mehlsack am Gurt. Kopf nach vorn, so wie Anita es gesagt hat, denkt er. Und als er vom Boden abspringt und mit der rechten Hand zum äußeren Gurt umgreift, fühlt er sich ganz leicht. Er schafft es tatsächlich, auf Fritzis Rücken zu landen. Ein bisschen eierig, aber immerhin. Paul, der Superturner!

„Leichtfüßig wie ein Pinguin!", sagt Sina und zwinkert ihm zu. „Nicht schlecht."

Als Paul ins Bett geht, spielen die Bilder

aus der Voltigierstunde in seinem Kopf Fangen.
Anita hat so viel erklärt. Wie soll er das nur
alles behalten? Und dann diese dämlichen
Turnschläppchen!
Doch dann stellt Paul sich vor, wie er auf dem
schwarzen Mustang reitet. Sie sind so schnell,
dass sie einen Sternenschweif hinter sich her-
ziehen. Da hat Paul eine superklasse Idee.

Totenköpfe und Sterne

„Toll!", staunt Sina, als Paul am nächsten Tag beim Reitstall seine neuen Turnschläppchen auspackt.

„Na, hör mal", sagt Paul. „Denkst du, ich geb mich mit so langweiligen Dingern zufrieden? Für Paul nur Turbo-Schläppchen!"

Paul hat das schwarze Kunstleder über und über mit reflektierenden Sternen beklebt. Die Fersen zieren kleine neonfarbene Totenköpfe. Und auf den Spitzen prangt ein silbernes P.

„P für Paul", erklärt er.

„Darauf wär ich gar nicht gekommen, du Schlaumeier!" Sina lacht.

Die beiden jagen durch die Stallgasse. Plötzlich bleibt Sina stehen, sodass Paul ihr beinahe in den Rücken kracht.

„Psst!", macht sie und deutet auf eine der Boxen. Über der Tür steht *Silver.*

„Ich glaube, ich werde fragen, ob ich Silvers Zweitpflegerin werden darf", hören sie Sannes Piepsstimme. „Er ist so süß!"

„Ja, der absolute Traum!" Die Stimme gehört Danni.

Paul macht einen Satz zurück und hebt die Hände wie eine feine Dame. „Silver ist so süß!", äfft er Sanne nach.

Aus Silvers Box dringt lautes Gekicher. Sina fasst Paul an der Hand und will ihn gerade zur Reithalle ziehen, da ist wieder Sannes Stimme zu hören: „Ob Anita heute für Paul einen Ackergaul zum Voltigieren mitgebracht hat?", zischt sie. „Dickes Pferd für dickes Kind."
Paul runzelt die Stirn und wird rot.
Sina stampft mit dem Fuß auf. „Hör nicht auf die!", sagt sie. „Du stellst dich viel geschickter an als die beiden zusammen!"

„Prima, dass du dir Schläppchen besorgt hast!", lobt Anita. Dass die Mädchen ihm auf die Füße starren, ist Paul längst aufgefallen. Das ist bestimmt der pure Neid! Solche Turbo-Schläppchen hätten die auch gerne! Nadine und Yvonne sind bereits in der Reithalle. Sanne und Danni kommen natürlich als Letzte.
„Es wäre gut, wenn ihr das nächste Mal pünktlich seid", sagt Anita streng. Sanne und Danni kriegen rote Köpfe. Sina zwinkert Paul zu

und hebt einen Daumen. Der Rüffel geschieht den beiden recht!

„Habt ihr auch eure Hausaufgaben gemacht?", fragt Anita. Bestimmt fragt sie jetzt Sanne oder Danni, denn die haben ja auch gerade den Rüffel gekriegt, denkt Paul. Aber Anita schaut Paul an, als wollte sie ihn mit ihrem Blick aufspießen. Sie nickt ihm auffordernd zu.

„J-ja", stottert Paul. „Klar, bin ich Seilchen gesprungen."

Anita lacht. „Davon gehe ich aus. Ich meine, was wir das letzte Mal durchgenommen haben. Erzähl mal."

„Du meinst, wie man in den Kreis geht und an der Leine entlang und so?", fragt Paul.

Die Mädchen brechen in schallendes Gelächter aus. Fritzi schüttelt missmutig den Kopf und schnaubt laut. „Kreis!", „Leine!", rufen die beiden Mädchen durcheinander.

Paul wird rot wie eine Tomate. Was ist denn nun los?

„Was die Mädchen dir mit ihrem albernen Gegacker zu verstehen geben wollen, ist, dass man nicht Kreis sagt, sondern Zirkel und nicht Leine, sondern Longe." Anita wirft den Mädchen einen strengen Blick zu.

Aber dann will Anita lieber gleich sehen, ob die Kinder behalten haben, was sie ihnen in der letzten Stunde gezeigt hat.

Beim Gehen hat Paul es kaum bemerkt. Aber als er die Griffe an Fritzis Voltigiergurt packt, spürt er die Stiche in den Armen. Das ist schon kein Muskelkater mehr, das ist ein Muskeltiger! Bloß jetzt nicht schreien!, denkt Paul, als er sich auf Fritzis Rücken schwingen will. Du bist geschickter als die beiden zusammen, hat Sina gesagt. Das macht Mut. Unter Stöhnen schafft es Paul, sich auf Fritzis Rücken zu hieven. Da hängt er dann wie ein betrunkener Cowboy.

Wie gern würde er sich jetzt auf dem Rücken der Stute ausruhen. Aber Anita kennt keine Gnade. Nur vier, fünf Galoppsprünge, da soll er schon wieder hinunter. Wie ein Klecks Butter in einer heißen Pfanne rutscht er vom warmen Pferderücken.

„Das war schon nicht schlecht!", lobt Anita. Und schon kommt die Nächste. Sitzen, Schwung holen, hochstützen, abdrücken. Den Absprung findet Paul gar nicht so schlimm. Wenn ich nicht vorher immer auf Fritzis Rücken hinaufkommen müsste!, denkt Paul. Und er denkt auch: dass die Fritzi so brav und geduldig ihre Runden dreht, obwohl die lästigen Kinder auf ihr rumturnen. Aber Pferdemädchen sind eben nicht so zickig wie Menschenmädchen. Sina ausgenommen, natürlich.

Fritzi knabbert mit ihren weichen Lippen an Anitas T-Shirt. Anita hat die Kinder zu sich gerufen. Sie will ihnen erzählen, welche Übungen sie einstudieren werden.

„Grundsitz, Fahne, Mühle, Flanke, Stehen, Schere", sagt sie. „Das sind die Begriffe, die ihr euch merken müsst."

„Ich dachte, wir lernen hier Voltigieren und nicht Schach oder so was!", ruft Paul dazwischen.

„Ich sag doch: Jungs haben einen Knoten im Gehirn!", spottet Danni.

„In welchem Gehirn?", fragt Sanne.

„Na, bei dem Namen!" Das kam von Nadine.

„Pauli, Fauli!"

Jetzt fängt die auch schon an!, denkt Sina zornig.

„Nun mal im Ernst", sagt Anita. Jetzt mit lauterer Stimme. Dann erklärt sie den Kindern die sechs Pflichtübungen.

Paul erkennt schnell, dass Sitzen nicht gleich Sitzen ist. Dass eine Mühle nicht unbedingt etwas mit Wind zu tun hat. Dass Stehen auf dem Pferd eine ganz schön wackelige Angelegenheit sein kann. Und dass man beim Voltigieren mit der Schere kein Papier schneidet. Und dass die ganze Sache überhaupt nichts mit Schach zu tun hat.

Es macht Paul furchtbar viel Spaß. Und mit den Turbo-Schläppchen hat er ein prima Gefühl für Fritzis Rücken! Das blöde Gerede der Mädchen hat er bald vergessen. Schließlich ist er wegen der Pferde und Ponys hier und nicht wegen der albernen Hühner!

Am Ende der Stunde erntet er von Anita großes Lob. „Du hast ein gutes Körpergefühl, Paul."

„Ist ja klar, dass Anita Paul lobt", sagt Danni beim Hinausgehen so laut, dass Paul und Sina es hören. „Schließlich ist er der einzige Junge."

„Und Jungs werden immer bevorzugt", pflichtet Sanne bei. Am liebsten hätte Sina an Dannis Fahrrad die Luft rausgelassen. Aber dann wär sie ja selbst nicht besser als die beiden Meckerziegen. Und das Fahrrad kann ja auch nichts dafür.

Nach dem Umziehen sausen Sina und Paul auf ihren Rädern den Abhang hinab. Paul hat Hunger für zwei! Schnell, schnell jetzt! Bei dem Tempo muss er wieder an den Mustang denken. Wie war das noch mit dem Absprung? Sitzen, Schwung holen, hochstützen und abdrücken. Paul greift den Lenker fest mit beiden Händen. Er holt Schwung, stützt sich hoch und ... landet mit Karacho im Graben!

Sina kommt angerannt. „Hast du dir weh-
getan?"
Aber wie Paul da so im Gras liegt, schaut ihm
nicht nur Sina ins Gesicht. Da ist noch ein
großes, dunkles Auge.
Wieder einmal muss Paul feststellen, dass
man einem Pferd immer nur in ein Auge
gucken kann.

Ein blondes Pony

„Nanu, wer bist du denn?", fragt Paul.

Vorsichtig schiebt er das Maul zur Seite, das ihm das weiße Pony durch den Zaun entgegenstreckt. Das heißt, eigentlich ist das Pony gar nicht weiß. Eher gelblich. Es sieht ein bisschen schmutzig aus.

„Keine Ahnung, wer der Kleine ist", sagt Sina und hilft Paul auf die Füße. „Scheint ganz allein auf der Weide zu sein."

Paul wischt sich den Dreck von den Hosenbeinen.

Vorsichtig bewegt er die Glieder: Ja, die Beine sind noch unten und die Arme oben an den Seiten und der Kopf obendrauf.

„Alles paletti, nix passiert!"

Von Weitem hören sie Fahrradklingeln und laute

Rufe. Die anderen Mädchen kommen vom Reitstall herunter.

„Da haben sich ja die beiden Richtigen gefunden!", ruft Sanne den anderen zu. „Paul und Moritz!"

„Gleich zu gleich gesellt sich gern! Ha, ha!", rufen die andern im Chor.

„Die blöden Meckerziegen!" Sina kickt wütend ein Steinchen über den Weg.

„Warum schimpfst du denn?", fragt Paul. „Die haben doch recht."

Sina traut ihren Ohren nicht. Nimmt Paul die Hexen auch noch in Schutz?

„Schau dir diesen Moritz doch mal an!", meint Paul. „Er ist nicht besonders groß. Er ist ein bisschen pummelig. Er ist blond."

„Pff!", macht Sina. „Ein *blondes* Pony! Der Bursche hier ist entschieden älter als du! Aber er hat schönere Augen!"

Da muss Paul zustimmen. Doch dann grinst er: „Dafür kann man mir gleichzeitig in beide Augen gucken."

In der nächsten Stunde will Sina wissen, was mit Moritz los ist.

„Anita, was ist eigentlich mit diesem weißen Pony? Moritz heißt das wohl. Warum ist es ganz allein auf der Weide? Gehört es nicht zum Reitstall?"

„Moritz?", fragt Anita. „Doch, der gehört zum Reitstall. Der gehörte schon hierher, als ich selbst reiten gelernt habe."

„So alt ist der schon?", ruft Paul.

„Das war jetzt nicht sehr höflich", zischt Sina.
„Anita ist doch noch jung."
Anita lacht. „Paul hat schon recht. Der Moritz
geht seit Langem nicht mehr in den Lektionen.
Er ist wirklich schon alt."
„Dann kriegt er hier also sein Gnadenbrot?",
fragt Sina.
Anita seufzt. „Diesen Sommer noch. Solange er
auf der Weide ist."
„Was soll das heißen, diesen Sommer noch?",
fragt Sina entsetzt.
Anita zuckt die Achseln.
„Der Reitstall platzt aus allen Nähten. Seine
Box wird gebraucht."
Paul verschränkt die Arme vor der Brust. „Und
das heißt?"
„Das heißt, Moritz wird verkauft", erklärt Anita
und führt Fritzi in die Mitte der Reithalle. Sie will
wohl weiter nicht über das Thema reden.
„Na, und was das heißt, ist ja wohl klar!", sagt
Sanne.
Die Kinder schweigen. Ja, was das bedeutet, ist

klar wie Kichererbsenpüree. Wer kauft schon solch ein altes Pony, auf dem man nicht einmal mehr reiten kann. Wenn Moritz verkauft wird, dann könnte das sein Ende bedeuten.

„Armer Moritz", flüstert Danni.

Paul stampft mit dem Fuß auf. „So gemein kann man doch nicht sein!"

Yvonne zieht die Schultern hoch. „Wir können da sowieso nichts machen. Oder hast du so viel Geld, um ihn zu kaufen?"

„Oder einen Stall mit Weide?", fragt Nadine.

„Vielleicht könnten wir Geld sammeln oder so",
schlägt Sina vor.

„Können wir endlich anfangen, Kinder?", ruft da
Anita. „Nun beruhigt euch mal. Natürlich sucht
die Leitung für Moritz einen Platz auf einem
Gnadenhof. Das versteht sich doch von selbst."
Anita longiert Fritzi an, bis sie schön im Zirkel
geht. Das Gespräch ist beendet. Die Kinder
sollen sich auf ihre Übungen konzentrieren. Und
wenn nicht?, schießt es Paul durch den Kopf.
Was ist, wenn sie keinen Platz für Moritz finden?
Schon fangen die Mädchen wieder an zu
gackern und flitzen zu ihrem Ausgangspunkt. Ob
sie auch so unbekümmert wären, wenn es um
Silver ginge?

Paul will heute gar nichts gelingen. Die Sache
mit Moritz geht ihm einfach nicht aus dem Kopf.
Mit Müh und Not schafft er es auf Fritzis Rücken.
Er hat das Gefühl, als schwankte die Stute heute
wie ein Kamel. Er kann das Gleichgewicht kaum
halten. Paul kniet auf Fritzis Rücken, doch er
traut sich nicht, ein Bein und einen Arm zu

heben. Eine Fahne wird das nie! Endlich lässt
Paul den Griff los. Da wird es ihm plötzlich
schwummerig und er saust an Fritzis Hals vorbei
auf den Boden!

„Paul!", ruft Sina. Sie ist als Erste da. Beinahe
wäre sie in die Longe gerannt.
Paul winkt ab. „Nix passiert. Hab mich gut
abgerollt!" Er schüttelt sich wie ein nasser Hund.
Es knirscht zwischen den Zähnen, als hätte er in
den Boden gebissen.

Sina greift ihm unter den Arm. „Komisch,
immer muss ich dir auf die Füße helfen",
schimpft sie.

In dem Moment, als Paul auftritt, spürt er, dass
etwas mit seinem rechten Fuß nicht stimmt.

„Verknackst?", fragt Sina.

„Ich glaube, ja." Paul versucht, sich
zusammenzureißen.

„Alles in Ordnung?", fragt Anita. Sie übergibt
Sanne für einen Moment die Longe und eilt
herbei.

„Es geht schon", versichert Paul. „Ehrlich. Aber
ich mach lieber Schluss für heute."

„Aber du musst zum Arzt!", meint Anita.

„Versprich mir das, ja?"

Paul nickt.

„Ich warte draußen auf dich", sagt er zu Sina
und humpelt aus der Halle. Eigentlich kam ihm
der ungewollte Abgang gerade recht. Als er
hinaus ins Sonnenlicht tritt, braucht er eigentlich
schon gar nicht mehr zu humpeln. Aber er
humpelt trotzdem noch ein Stückchen weiter.

Und wohin er humpeln will, das weiß er ganz
genau. Zu Moritz natürlich.

Allein durch den Stacheldrahtzaun zu klettern
ist doof. Da hat man keinen, der die Drähte
auseinanderhält. Paul bleibt prompt mit dem
T-Shirt hängen.

Erst kommt Moritz und beschnuppert ihn
neugierig. Er prustet ihm ins Gesicht und lässt
sich zwischen den Ohren kraulen. Aber als er
merkt, dass Paul ihm nichts zu knabbern
mitgebracht hat, dreht er ihm schon bald das
Hinterteil zu und grast weiter.

Eine ganze Weile hockt Paul im Gras und schaut dem schmutzig gelben Pony zu. Moritz' Rücken hängt ein bisschen durch. Die Hüftknochen stehen leicht hervor. Daran sieht man, dass Moritz alt ist.

Plötzlich steht Sina neben Paul. „Hätte ich mir ja denken können, dass du hier steckst!" Sie lässt sich neben Paul ins Gras fallen.

„Ich glaube, du machst dir viel zu viele Sorgen",
sagt sie. „Die werden schon einen Platz für ihn
finden."

„Und wenn nicht? Was ist dann?", gibt Paul
zurück. „Und außerdem finde ich es doof, dass
er überhaupt hier wegsoll."

Sina versteht nicht so ganz, was Paul meint.

„Na, da ist er brav Jahr für Jahr seine Lektionen
gegangen. Jetzt kann er nicht mehr, jetzt soll er
weg. Das ist doch einfach gemein!" Paul hebt
ein Steinchen auf und pfeffert es über die
Weide.

„Aber meinst du nicht, dass er es auf einem
Gnadenhof vielleicht besonders gut hat?", fragt
Sina.

Paul zuckt die Schultern. „Trotzdem gemein."

Als Paul an diesem Abend im Bett liegt, denkt er
nicht an den schwarzen Mustang, sondern an
den blonden Moritz. Er stellt sich vor, wie er ihn
über eine Weide führt, die kein Ende hat. Dieses
Bild nimmt er mit in seine Träume.

Moritz ist weg!

Wir können da sowieso nichts machen!
Yvonnes Worte klingen Paul immer noch im
Ohr, als er den Hang zur Reithalle hinauffährt.
Kein Geld. Keine Weide. Kein Stall. Da haben
die Mädchen recht. So was kann man sich
nicht einfach aus der linken Socke schütteln.
Aber trotzdem muss es einen Weg geben.
Moritz muss dableiben!
Wo der nur heute steckt? „He, Sina!", ruft Paul
keuchend. „Siehst du den Moritz irgendwo?"
Sina hält an, steigt vom Rad und hält Ausschau.
Sie schüttelt den Kopf. Dann klettert sie auf
einen der Zaunpfähle. Von da hat sie einen
guten Ausblick über die Weide. „Nicht die
Spur!", ruft sie.
Paul spürt Panik aufsteigen. „Aber die haben

doch versprochen, dass er den Sommer über bleiben darf!"

Sina hüpft ins Gras und legt Paul die Hand auf den Arm. „Aber vielleicht haben sie jetzt schon einen extraprimaguten Platz für ihn gefunden."

Zornig schwingt sich Paul auf den Sattel und tritt ordentlich in die Pedale. „Das werden wir ja sehen!"

„He, was ist denn mit dir los?", fragt Nadine, als sich Paul mit schweren Schritten den Weg durch die Stallgasse bahnt.

„Was los ist? Moritz ist weg!", blafft Paul.

„Mensch, Paul, ich find's ja auch schade, dass Moritz wegsoll", ruft Nadine ihm hinterher.

„Aber wir können ja doch nichts dagegen tun!"

„Wir können ja doch nichts dagegen tun!", äfft Paul sie nach. „Ihr macht euch das verdammt einfach!"

Mit verschränkten Armen baut er sich vor Anita auf. Die zieht gerade die Schnallen an Fritzis Voltigiergurt nach. „Wo ist Moritz?"

Anita zuckt zusammen. „Aber, Paul, sagst du
nicht mal Hallo?"
„Wo ist Moritz?" Paul bleibt hartnäckig.
Anita lacht. „Keine Sorge. Den haben sie in den
Auslauf hinterm Stall gebracht. Der frisst sonst
zu viel. Eigentlich bräuchte er mehr Bewegung."
Paul fühlt, wie ihm ein riesiger Stein vom Herzen
fällt. „Aber wie soll er sich denn bewegen?",
fragt er. „Reiten darf man ihn doch nicht mehr
so viel, oder?"

Anita überlegt. „Entweder du führst ihn wie ein Hündchen spazieren, oder..."

Paul schlägt sich mit der flachen Hand vor die Stirn. „Oder wir spannen ihn vor eine Kutsche! Mensch, Anita, ist das nicht eine tolle Idee?"

Und weil er schon nicht Hallo gesagt hat, rennt er jetzt auch noch ohne Tschüss zu sagen aus der Halle.

Im Hinausrennen fasst er Sina bei der Hand und zieht sie mit sich. „Komm! Komm schnell!"

Sina sträubt sich und versucht, Pauls Hand abzuschütteln. „Aber, wohin denn? Ist was mit Moritz? Und die Voltigierstunde?"

„Komm schon!", ruft Paul ungeduldig. „Hier geht's jetzt um wichtigere Dinge."

Jetzt versteht Sina gar nichts mehr. Warum sich der Paul so aufregt? Wenn Jungs sich aufregen, dann stellen die manchmal die blödesten Sachen an. Dann sind die zu allem fähig! Also läuft Sina lieber hinterher und behält Paul unter Kontrolle. „Warte! Ich komm ja schon!"

Das hat Sina noch nie zuvor erlebt, dass Paul

sie beim Fahrradfahren abhängt! Er tritt in die Pedale, als würde er vom Teufel persönlich verfolgt.

„He, wo willst du überhaupt hin?", keucht Sina.

„Zum Franz natürlich!", brüllt Paul gegen den Fahrtwind.

Aber Sina hat keinen blassen Schimmer, wer dieser Franz sein soll.

Schließlich biegt Paul in einen Feldweg ein. Es geht ein Stück bergab durch ein kleines Wäldchen. Dann gelangen sie zu einem kleinen Bauernhof.

Vor einer kleinen Scheune springt Paul vom Rad. Er packt den Griff vom Scheunentor mit beiden Händen und stemmt die Füße in den Boden.

„Halt, du kannst doch nicht einfach …!", ruft Sina, aber da ist das Tor schon offen.

„Na, hab ich zu viel versprochen?" Paul zeigt stolz in die Scheune.

Zögernd kommt Sina näher und staunt. In der Scheune steht eine kleine Ponykarre. „Aber ehrlich gesagt, weiß ich immer noch nicht, was du vorhast."

„Na, was siehst du?", fragt Paul.

„Eine kleine Kutsche."

„Eben", sagt Paul. „Und? Siehst du hier irgendwo ein Pony?"

Sina schaut sich um.

„Also, eigentlich nicht."

„Genau", sagt Paul. „Der Franz hat nämlich eine Kutsche, aber kein Pony."

„Und du meinst, er würde vielleicht den Moritz …?"

Da geht die Haustür auf und ein schwarzer Hund kommt wie ein Torpedo auf sie zugeschossen. „Hiiilfe!", schreit Sina. Mit einem Sprung flüchtet sie auf die Kutsche. Wild kläffend tanzt der Hund wie ein Flummi um Sina herum. „Paul, ich hab dir doch gesagt, du darfst das Tor nicht einfach aufmachen", schimpft Sina.

Aber Paul steht nur da und lacht. Warum hilft er ihr denn nicht?

Endlich macht er einen Schritt auf den Hund zu. Der stürzt herum und springt Paul an, dass der glatt umfällt.

„Paul!", brüllt Sina erschrocken. Doch dann

lacht sie erleichtert. Die schwarze Bestie
schleckt ihrem Freund nämlich schwanzwedelnd
das Gesicht ab!
„Na, Puschel, lass gut sein!", sagt da plötzlich
Bauer Franz. Sina zuckt zusammen. Sie hatte
ihn gar nicht kommen hören. Jetzt gibt's
bestimmt ein Donnerwetter!
Aber Bauer Franz reicht Sina die Hand und gibt
Paul einen Klaps auf die Schulter. Jetzt
begrüßt Puschel auch Sina und alle können
durchatmen.
Paul sagt: „Franz, du musst den Moritz nehmen.
Unbedingt."

Rettung für Moritz

„Paul, du bist vielleicht dreist!" Sina kann es
immer noch nicht glauben. „Du hast den armen
Kerl ja glatt an die Wand geredet!"
Und das hat Paul wirklich. Bauer Franz hat
wieder und wieder erklärt, dass er sich keine
Tiere mehr anschaffen will. „Puschel, der Esel,
und meine Hühner genügen. Ich bin im
Ruhestand. Basta!"
Aber Paul hat das alles nicht gelten lassen.
Moritz ist in Not!
Nur du kannst ihn retten!
Du brauchst für deine Kutsche ein Pony!
Der Puschel würde sich bestimmt freuen!
Im Winter sammeln wir Geld für das Futter!
Dein Esel ist bestimmt einsam!
Bauer Franz hat danebengestanden und

lachend seine Mütze in der Hand gedreht.
Schließlich hat er neun Wörter gesagt, die Sina
fast umgehauen hätten: „Ich lass mir die Sache
durch den Kopf gehen."

„Hast du das gehört, Paul? Hast du das wirklich
gehört?", fragt Sina, als sie heimradeln. Sie boxt
Paul gegen die Schulter. „Er will sich das durch
den Kopf gehen lassen."

„Mann, lass meine Schulter ganz!", motzt
Paul.

Sina lacht. „Du bist ein Held!"

Paul nickt. Ja, das findet er auch. Er ist ein Held.
Aber noch ist ja nichts abgemacht.

Für die nächste Voltigierstunde nimmt Paul sich
fest vor, gut mitzumachen. Kein Sturz, keine
Fußschmerzen. Unterwegs machen sie halt bei
Moritz. Der steht wieder auf seiner Weide und
frisst und frisst und frisst. Diesmal hat Paul ihm
eine Möhre mitgebracht.

„Es wäre doch zu schön, wenn Franz den Moritz

nehmen würde", sagt Sina und krault Moritz hinter den Ohren. „Nicht wahr, Moritz?"
Sina schaut Moritz ins linke Auge. Paul schaut ihm ins rechte.
„In kitschigen Pferdebüchern würde das Pony jetzt nicken. Als ob es einen verstanden hätte", sagt Paul.
Aber Moritz schüttelt sich lieber am ganzen Körper. Lachend schwingen sich die Kinder auf ihre Räder.

Anita erwartet sie schon am Tor. „Paul, du bist mir vielleicht eine Flocke", begrüßt sie die Kinder.

„Weil ich das letzte Mal abgehauen bin?", fragt Paul scheinheilig.

Anita grinst. „Geht mal ins Büro zu Herrn Fleißig. Der erwartet euch schon."

Herr Fleißig ist ein dünner Mann mit grauen Haaren und einem Seehundsbart. Als Sina und Paul ins Büro kommen, steht er vom Schreibtisch auf und reicht ihnen die Hand. „Na, da seid ihr ja. Setzt euch."

Im Büro riecht es nach Zigarrenqualm und Leder. Paul und Sina kommen sich ein bisschen komisch vor.

Herr Fleißig holt tief Luft. „Ich hatte heute Morgen ein sehr ausführliches Gespräch mit einem Herrn Rüping."

Paul und Sina nicken. Herr Rüping, das ist Bauer Franz.

„Was ist nun, nimmt der Franz den Moritz?", fragt Paul ungeduldig.

Herr Fleißig macht ein ernstes Gesicht. „Wir
haben tatsächlich bisher noch keinen Käufer für
Moritz. Wir haben auch keinen anderen Platz,
wo er bleiben kann."
Paul fühlt sich wie ein Luftballon kurz vorm
Platzen. „Ja, und bei Bauer Franz?"
„Auf jeden Fall finde ich es schön, dass ihr euch
so um Moritz bemüht." Herr Fleißig schaut auf
die Uhr. „Ich glaube, Anita wartet auf euch."
Als Paul und Sina wieder draußen stehen,

schauen sie sich verdutzt an. „Was ist denn nun mit Moritz?", fragt Sina.

Aber auch Paul versteht gar nichts mehr.

Beim Voltigieren gibt sich Paul noch mehr Mühe als sonst. Als ob er damit Moritz helfen könnte. Er streckt die Beine, hebt den Kopf, spannt den Rücken und hält prima die Balance.

„Wenn Paul nur nicht so komische Beine hätte", kichert Danni laut. Aber das ist Paul jetzt so was von egal! Er ist zufrieden. Es ist toll, auf Fritzis Rücken zu turnen und mit ihr im Gleichgewicht zu sein. Einen Schönheitspreis will er ja gar nicht gewinnen.

Auch von Anita erntet er großes Lob. Stolz packt er am Ende der Stunde seine Sachen zusammen. Sina ist mal wieder eher fertig und flitzt vor.

Plötzlich hört er sie laut lachen. „Paul!", ruft sie. „Paul, das musst du dir ansehen."

Erst muss Paul gegen die Sonne blinzeln, als er auf den Hof kommt. Aber dann erkennt er, wer da steht. Kein anderer als Bauer Franz. Und an

einem Führstrick hält er Moritz! Neben ihm steht
Herr Fleißig.

„Was?" Paul ist vollkommen baff. „Heißt das,
dass du den Moritz doch zu dir nimmst?"

„Hatte ich euch das denn vorhin nicht gesagt?",
fragt Herr Fleißig.

„Nö!", antworten die Kinder.

Herr Fleißig kratzt sich an der Stirn. „Ich bin
wirklich ein bisschen zerstreut."

Plötzlich kommen die Voltigiermädchen
heraus. „Was ist denn hier los?", fragt Nadine.
„Was macht denn der Moritz hier?"
Sina baut sich vor ihnen auf. „Der Paul hat den
Moritz gerettet, dass ihr's wisst."
„Echt?", ruft Sanne. „Das ist ja cool!"
„Du bist klasse, Paul!", sagt Danni. „Erzähl
doch mal."
Ha, jetzt auf einmal!, denkt Paul. Jetzt bin ich
wohl nicht mehr der dicke Doofe.
„Wie schaut's aus, ihr beiden?", fragt Bauer
Franz. „Begleitet ihr Moritz und mich?"

„Klar!", ruft Sina. „Wir holen nur noch unsere Räder."

„Dürfen wir auch mit?", fragt Yvonne.

Aber Paul winkt ab und macht ein wichtiges Gesicht. „Heute nicht. Wir müssen noch so einiges mit dem Franz besprechen." Das wäre ja noch schöner, dass sie die Meckerziegen mitschleppen!

„Du wolltest doch keine Tiere mehr anschaffen, oder?", fragt Sina Bauer Franz auf dem Weg zum Hof.

Der Bauer lacht. „Aber ich hab mir gesagt, wenn die Tiere auf wundersame Weise den Weg zu dir finden, alter Franz, warum nicht?"

„Und der Esel wird sich freuen!", sagt Paul glücklich.

„Eifersüchtig wird er sein!", ruft Bauer Franz.

Und dann schmieden sie Pläne. Sina schlägt vor, dass sie im Herbst einen Flohmarkt und eine Lotterie im Reitstall veranstalten. „Davon bezahlen wir dann das Winterfutter für Moritz."

Bauer Franz hat auch eine prima Idee: Am

nächsten Tag bringt er Sina und Paul mit der Ponykutsche zum Reitstall!

Stolz hockt Paul neben dem alten Franz auf dem kleinen Kutschbock. Brav zottelt Moritz vorneweg. Ihm scheint der Ausflug auch Spaß zu machen. Aber den Berg hinauf schieben die Kinder ein bisschen mit.

Paul ist sich sicher: Bei Franz ist Moritz supergut aufgehoben.

Am Reitstall stehen schon die Mädchen und winken. „Die sind bestimmt ganz schön neidisch!", sagt Sina fröhlich.

„Tja", sagt Paul und grinst von einem Ohr zum anderen.

Vielleicht dürfen sie ja irgendwann auch mal mit der Ponykutsche fahren. Irgendwann. Wenn sie ganz lieb sind zu Paul.

Paul und Sina
und das große Reiterfest

Die schönste Squaw von allen

Bald soll es ein großes Reiterfest geben! Anita hat
es den Kindern der Voltigiergruppe gerade erzählt.
Der Reiterhof will für alle Pferdebegeisterten Türen
und Tore öffnen und sich von seiner besten Seite
präsentieren.

„Die Dressurreiter sind schon dabei, sich ein
Programm auszudenken", erklärt Anita, die
Reitlehrerin. „Die Ställe müssen herausgeputzt
werden. Jedem Pferd wird ein Pfleger zugeteilt,

dem die Besucher bei der Arbeit über die Schulter gucken können. Er soll den Besuchern natürlich auch Fragen beantworten."

Sofort schnellen zwei Finger in die Höhe. Danni und Sanne aus der Voltigiergruppe möchten natürlich zu gern in Silvers Box Dienst tun.

Aber Anita schüttelt bedauernd den Kopf. „Tut mir leid, ihr beiden. Euch brauchen wir für die Voltigiergruppe. Zweimal treten wir an dem Nachmittag auf." Dann erklärt sie: „Ich habe mir überlegt, dass wir unsere Auftritte unter ein bestimmtes Thema stellen. Dazu brauchen wir natürlich passende Kostüme. Ihr könnt euch ja schon mal Gedanken machen."

Heute darf Paul Fritzi nach der Stunde in ihre Box bringen. Paul hat die mausgraue Stute mit der dunklen Mähne in den Voltigierstunden wirklich lieb gewonnen. Sie ist ein robustes Pferd, das sich nicht gleich aus der Ruhe bringen lässt. Außerdem ist sie kräftig gebaut. Das gefällt Paul besonders gut. Und sie riecht so toll!

Als Paul an der Mädchenumkleide vorbeikommt, um Fritzis Zaumzeug in die Sattelkammer zu bringen, ist das Geschnatter in vollem Gange. Yvonne schlägt vor, sie könnten bei ihrer Aufführung eine Unterwasserwelt darstellen und sich als Seejungfrauen verkleiden.

Paul verdreht die Augen. Er ist nämlich der einzige Junge in der Voltigiergruppe und an ihn haben sie natürlich mal wieder nicht gedacht. Er sieht sich schon mit blauen und grünen Seidentüchern durch die Luft schweben.

Dannis Vorschlag ist auch nicht viel besser.
„Was haltet ihr von einer Blumenwiese? Jede
stellt eine andere Blume dar. Wir könnten
Blütenkränze flechten oder Blütenkronen aus
bunter Pappe basteln."
Und ich spiel den Grashüpfer dazu, denkt Paul.
Dass sich die Mädchen auch immer so was
Albernes ausdenken müssen!
Aber die übelste Idee hat dann Sanne. „Wir
könnten uns als Feen verkleiden!"
Und ich?, denkt Paul. Ich kann doch keine Fee
sein! Nein, darauf hat er nun wirklich keine Lust.
Paul wird schnell klar, dass es nur eine Rettung
gibt: Er muss selbst einen Vorschlag machen,
der viel besser ist.

Dann bringt er die Sachen weg und wartet vor der Reithalle auf Sina. Sie radeln nach der Voltigierstunde immer zusammen nach Hause. Eifrig erzählt Sina Paul, welche Vorschläge die Mädchen soeben gemacht haben. Sie kann ja nicht wissen, dass Paul vor der Tür gestanden und gelauscht hat.

Paul winkt ab. „Das ist doch alles Pipikram", sagt er spöttisch. „Wir müssten was richtig Spannendes machen, was Wildes."

Beide überlegen, als sie den Hügel hinab zum Ort fahren.

„Du meinst, wir sollten uns zum Beispiel als Clowns verkleiden, oder so?", sagt Sina. „Oder als Astronauten?"

„Schon besser", meint Paul. Aber so richtig klasse findet er auch das nicht.

Plötzlich macht er eine Vollbremsung, sodass ihm fast das Fahrrad seitlich wegrutscht.

„Blödmann!", schimpft Sina. Sie wäre ihm beinahe ins Rad gekracht.

Aber Paul hört gar nicht zu. „Sina, ich hab *die* Idee! Schau nur!"

Über eine der großen Weiden galoppieren gerade die Stuten mit ihren Fohlen, dass ihnen das Gras nur so um die Hufe fliegt. Ein Grüppchen von jungen Rindern flieht aufgeschreckt in alle Richtungen.

„Wir machen eine Wildwest-Show!", ruft Paul.

„Eine Wildwest-Show?", fragt Sina.

„Na klar!", ruft Paul. „Das hat wenigstens wirklich was mit Pferden zu tun. Wir verkleiden uns als Cowboys und Indianer. Die sind doch viel cooler als Blümchen oder Feen oder so ein Kram."

Paul weiß, dass es jetzt darauf ankommt, Sina für seine Idee zu begeistern. Wenn er sie schon mal auf seiner Seite hat, macht das die Sache viel leichter.

Deshalb pfeffert er sein Fahrrad in den Straßengraben, macht einen Purzelbaum, zieht dann in einem Hechtsprung eine unsichtbare Pistole, springt auf die Beine und wirbelt ein ebenso unsichtbares Lasso durch die Luft.

„So in etwa!", ruft er keuchend und grinst.

„Und du wirst die schönste Squaw von allen", fügt er noch hinzu und wird dabei ein bisschen rot.

Sina lacht. „Paul, sollen wir nun voltigieren oder Rodeo reiten?"

Bei dem Gedanken, dass die gute, brave Fritzi
wie ein Rodeo-Mustang durch die Reithalle
springt, müssen sie beide lachen.
Auf jeden Fall findet Sina Pauls Idee klasse und
deshalb drehen sie direkt um und fahren zur
Reithalle zurück.

Paul tritt ordentlich in die Pedale. „Hoffentlich ist Anita noch da!", schnauft er.

Anita ist noch da. Sie kommt gerade aus dem Büro von Herrn Fleißig, dem Leiter der Reitschule, und wundert sich über so viel Eifer. „Nanu, habt ihr es so eilig? Das hätte doch bis zur nächsten Stunde Zeit gehabt."

Aber Anita weiß ja nicht, dass Paul Angst hat, als Seenixe, Fee oder Narzisse auftreten zu müssen.

„Was hältst du von unserem Vorschlag?", will Paul wissen und erklärt Anita, dass Indianer verdammt gute Reiter sind. „Richtige Akrobaten sind die."

Das weiß Anita natürlich und findet die Idee wirklich gut. „Aber die anderen Mädchen müssen auch einverstanden sein", sagt Anita.

„Das werden sie schon", sagt Sina leichtfertig dahin.

Aber dann wird es doch ziemlich schwierig, die anderen für den Vorschlag zu begeistern.

Sanne und Yvonne rümpfen sogar die Nase.

„Cowboys und Indianer sind doof", sagen sie.
„Aber Seenixen reiten höchstens auf
Seepferdchen", sagt Paul. „Cowboys und
Indianer reiten auf echten Pferden. Und wie!"
Danni und Nadine sehen das ein und stimmen
zu. „Aber nur unter der Bedingung, dass ich
Cowboy sein darf", ruft Nadine.
Erst als Paul Sanne und Yvonne verspricht,
dass er ihnen beiden zusammen nach der
Stunde eine Erdbeer-Eistüte spendiert, geben
sie zu, dass sie Cowboys und Indianer vielleicht
doch für bessere Reiter halten als Seenixen.
Und als sie mit Anita das Motto für die
Vorführung abstimmen, enthalten sie sich
zumindest. Damit ist Pauls Vorschlag
angenommen.

Geknickte Cowboyehre

Paul läuft zur Höchstform auf. Im Nu hat er den alten Kleiderschrank im Keller durchwühlt, in dem Mama auch die Karnevalskostüme aufbewahrt. Zum Glück liegt das letzte Karnevalsfest noch nicht so lange zurück, sodass Paul das Cowboykostüm noch problemlos passt. Das Tollste an dem Kostüm ist der Hut. Den bewahrt Paul selbstverständlich in seinem Zimmer auf, denn es ist ein echter, uralter Pfadfinderhut von seinem Onkel Ferdinand. Der ist aus grünem Filz, hat innen ein Lederband und unten eine braune Kordel zum Festzurren.

Paul sucht aber noch etwas. Sein Hund Wuschel hilft ihm gern beim Suchen und Paul muss aufpassen, dass Wuschel nicht den gesamten

Kleiderhaufen zerfleddert.

„Ah, da ist sie ja!", ruft Paul und zieht eine
schwarze Perücke mit langen Haaren aus der
Schublade. Paul streicht die Haare glatt. Die
sind zwar aus Plastik, aber sie fühlen sich
trotzdem toll an.

„Damit sieht Sina bestimmt klasse aus", sagt Paul zu Wuschel. Wuschel glaubt, Paul will mit ihm spielen, und schnappt nach der Perücke. „He, du Pflaumenaugust, lass das! Sina soll doch nicht aussehen wie ein Orang-Utan", schimpft Paul und bringt die Perücke lieber in seinem Zimmer in Sicherheit.

„Ich bring dir die Perücke zur nächsten Voltigierstunde mit", verspricht Paul Sina am Telefon. Und er erfährt von ihr, dass auch die anderen nicht untätig gewesen sind und tolle Kostüme zusammengetragen haben.

„Nadines Mutter hat für Nadine sogar richtige Chaps aus alten Fensterledern genäht", erzählt Sina vollkommen begeistert. „Ist das nicht cool?"

Paul hat keine Ahnung, wovon Sina spricht.

„Was für Dinger?"

„Sag nicht, du kennst keine Chaps!", ruft Sina empört. „Und du willst ein echter Cowboyfachmann sein? Das sind doch so lederne Halbhosen, die die Kuhhirten als Schutz tragen." Dass sie Nadine auch erst fragen musste, was Chaps sind, verrät sie Paul natürlich nicht.

Zur nächsten Stunde sollen alle ihre Kostüme mitbringen und testen, ob sie damit auch die Übungen ausführen können oder ob etwas stört.

Paul hat schon seine Sachen in den Rucksack gestopft. Gerade will er losdüsen, da fällt ihm ein, dass er die Perücke für Sina noch holen muss, und flitzt in sein Zimmer. Aber die Perücke ist nicht da.

„Mama, wo ist die Perücke?", brüllt Paul durchs Haus.

„Welche Perücke?", brüllt Mama zurück.

„Na, die schwarze mit den langen Haaren, die ich Sina leihen will", erklärt Paul und zappelt wie ein Hampelmann, weil er es eilig hat. Bestimmt wartet Sina schon auf ihn. „Ich hab sie doch extra in mein Zimmer gelegt."

Aber Mama hat keine Ahnung, wo die Perücke sein könnte. Doch sie hilft ihm suchen.

Eigentlich hat sie gar keine Lust dazu, weil sie schon den Kleiderschrank im Keller wieder einräumen musste. Auch Wuschel hilft suchen. Er weiß natürlich nicht, wonach er suchen soll, aber er findet die Perücke trotzdem. Sie liegt nämlich in seinem Hundekorb.

„Heiliger McDonald, schau dir das an!", schimpft Paul und hält Mama die völlig zerzauste Perücke vor die Nase. Die schönen langen, glänzenden Haare sind völlig verfilzt. Paul hätte Wuschel am liebsten einen Tritt versetzt, so wütend ist er.

„Fahr du jetzt zur Voltigierstunde", bestimmt Mama. „Ich versuche zu retten, was zu retten ist, und bringe euch die Perücke nach." Sie seufzt und holt die Haarbürste.

In der Reithalle müssen die Mädchen erst
einmal furchtbar kichern, als sie ihre Kostüme
betrachten. Wie eine Horde wilder Hühner
albern sie im Umkleideraum herum. Deshalb ist
Paul auch als Erster in der Halle, wo Anita schon
mit Fritzi wartet.

Paul holt tief Luft und fühlt sich plötzlich größer
als sonst. Mit richtigen Cowboyklamotten auf
einem echten Pferd reiten, das ist schon stark.
Er versucht, ein bisschen o-beinig zu laufen, weil
das die Cowboys in den Filmen auch immer
machen, und schiebt sich den Pfadfinderhut in
den Nacken.

„Wow, Jesse James persönlich!", ruft Anita.
Dann lässt sie Fritzi im Zirkel galoppieren, damit
Paul schon mal anfangen kann. Bis die
Hühnermädchen sich ausgekichert haben, kann
es noch dauern.

Das Aufspringen beherrscht Paul inzwischen wie
im Schlaf. Er nimmt Anlauf, umfasst den Griff am
Voltigiergurt und springt im passenden Moment
vom Boden ab. Doch beim Schwungholen spürt

er schon, dass ihm die Spielzeugpistole im Weg
ist. Und als er auf Fritzis Rücken landet, macht
es „flupp" und die Pistole landet auf dem
Boden.

„Mist, der gute Revolver!", flucht Paul, und weil
er so an die blöde Pistole denken muss, verliert
er beinahe das Gleichgewicht. Schon haben sie
einmal den Zirkel umrundet, da macht es laut
„knirsch" und Paul weiß, dass Fritzi seine
Spielzeugpistole mit dem Huf erwischt hat.

So was dürfte einem echten Cowboy natürlich nicht passieren, denkt Paul, und als die Mädchen endlich in die Halle gestürmt kommen, ist seine Cowboyehre endgültig geknickt. Denn gegen Nadine kann er mit seinem Karnevalskostüm nicht ankommen. Neidisch betrachtet er die Fensterleder-Chaps, die die Vorderseite ihrer Jeans bedecken. Die sehen wirklich richtig echt aus.

Auch die anderen Mädchen haben sich mächtig Mühe gegeben. Yvonne hat sich sogar braunen Stoff um die Turnschläppchen gewickelt, sodass sie aussehen wie richtige Mokassins, und Danni könnte direkt aus einem Winnetou-Film geklettert sein. Als Letzte kommt Sina hinterhergerannt, und als Paul sie sieht, fällt er fast vom Pferd. Mama hat nämlich inzwischen die Perücke vorbeigebracht und jetzt sieht Sina aus wie eine Indianerin mit Dauerwelle!

Heiliger Manitu!, denkt Paul und klammert sich an den Griffen fest, bis er wieder in den Takt gefunden hat.

Anita hat auch eine Überraschung für die Kinder.
Sie hat eine tolle Wildwest-Filmmusik
mitgebracht, die genau zu Fritzis Galopptakt
passt.
Hopp, hopp, hopp, springen sie nacheinander
auf Fritzis Rücken und machen ihre Übungen,
allein, zu zweit oder zu dritt. Mühle, Flanke,
Stehen, Schere, die Übungen beherrschen sie
inzwischen richtig sicher. Anita muss nur ein
bisschen korrigieren, wenn Paul mal wieder die
Beine nicht richtig durchdrückt oder Danni Arme
und Beine nicht genug streckt und deshalb nicht
in der Waage ist.

„Sina, du lässt dein Kriegsbeil besser weg",
meint Anita. „Du könntest dich oder Fritzi
verletzen, auch wenn das Ding aus Plastik ist."
Sanne muss ihre Bärenzahnkette abnehmen.
Auch die ist zu gefährlich.
Brav läuft Fritzi ihre Runden. Natürlich soll sie
zur Vorstellung auch noch festlich geschmückt
werden.
„Wie ein echtes Indianerpferd mit Federn in der
Mähne!", ruft Danni.
Doch Paul korrigiert sie. „Die Indianer hatten
Ponys, keine Pferde. Aber die Sache mit den
Federn ist okay."
Danni streckt ihm die Zunge raus und nennt ihn
Klugscheißer.

Nach einer Weile sind die Kinder außer Puste und die Indianermädchen machen dem Namen Rothaut alle Ehre, denn ihre Wangen leuchten wie rote Rosen.

Am Ende sind alle zufrieden, auch Anita.

„Danke noch mal für die Perücke", sagt Sina zu Paul und strahlt.

Paul ist verdutzt. Er findet nämlich, dass Sina jetzt aussieht, als hätte sie in eine Steckdose gefasst. Aber wenn Paul es sich recht überlegt, dann passt die Frisur zu Sina. Die kann nämlich ganz schön frech sein.

Ein Huhn ist ein Huhn

Herr Fleißig wird von Tag zu Tag nervöser. Er
telefoniert herum, um ehrenamtliche Helfer für
die Cafeteria zu finden. Er teilt die Pfleger ein,
die sich bei den Pferden aufhalten sollen.
Überall laufen Kinder und Jugendliche mit
Besen, Schippen und Harken herum, die den
Hofplatz, die Stallgassen und alle Räume
aufräumen und sauber machen. Anita und Jörn,
die beiden Reitlehrer, stecken die Köpfe über
dem Programmablauf zusammen.
Und überall rennt Herr Fleißig herum mit
hochrotem Kopf und zerzaustem Haar und einer
Checkliste in der Hand, die es abzuarbeiten gilt.
Bis Anita ihn schließlich in sein Büro schiebt und
ihm einen Kaffee einschenkt. „Sie brauchen sich
keine Sorgen zu machen, die Reitschule wird

sich am Reiterfest ganz von ihrer besten Seite zeigen", versichert sie.

Paul hat in der Zwischenzeit ein ganz anderes Problem. Schließlich will er als Cowboy auftreten, und was so ein Kuhhirte unbedingt beherrschen sollte, ist das Lassowerfen. Aber dafür muss er noch tüchtig trainieren.

Zuerst leiht er sich Sinas Springseil. Das ist zum Glück so alt, dass die Plastikgriffe schon längst abgegangen sind.

„Komm, Wuschel, stell dich mal da hin", sagt er und lockt Wuschel hinaus in den Garten. „Du wärst jetzt mal das Rind und ich fang dich mit dem Lasso."

Geschickt knotet Paul das Springseil zu einem Kreis und wirbelt es durch die Luft. Aber das Problem ist, dass das Seil in der Mitte ein bisschen dicker ist als an den Enden. Und so eiert es durch die Luft, als wenn es zu Ostern zu viel Eierlikör getrunken hätte. Als verworrenes Knäuel landet es meilenweit von Wuschel entfernt im Gras.

„Wuff!", macht Wuschel und springt auf. Er hat
sowieso keine Lust, ein Rind zu sein, und trottet
zurück ins Haus.

„Mist!", flucht Paul. Das hat keinen Zweck.
Weder mit dem Seil noch mit Wuschel.

Bauer Franz muss helfen. Er ist ein Freund von
Paul und seinen Eltern und kennt sich mit Kühen
aus, weil er selbst welche hat.

Bauer Franz lacht, als Paul ihm erklärt, was ihm
fehlt. „Also, mit einem Lasso brauch ich meine
Kühe nicht einzufangen. Die kommen auch so,
wenn ich sie rufe."

Aber er braucht trotzdem nicht lange zu suchen,
da hat er einen schönen, langen und festen
Strick für Paul gefunden.

„Prima!", ruft Paul. „Vielen Dank, Franz."
Franz winkt noch einmal, dann ist er im Stall
verschwunden.
Paul geht auf die große Wiese hinter der
Scheune. Da kann er das Lasso toll
ausprobieren.
„Juchhu, ich bin ein Cowboy!", brüllt Paul und
wirft das Seil durch die Luft. Immer und immer
wieder. Wenn er das beim Tag der offenen Tür
zum Besten gibt, wird das Publikum staunen!
Im Gras stromern die Hühner herum und picken
nach Regenwürmern. Da hat Paul eine Idee.
Warum soll nicht mal ein Huhn ein Rind spielen?

Schwupp, da saust das Seil wieder durch die Luft. Paul stockt der Atem. Das Lasso fegt haarscharf über ein weißes Huhn hinweg. Laut gackernd flattert es auf, macht einen Riesensatz und landet auf einem Kirschbaum.

„Boa!", staunt Paul. Er wusste gar nicht, dass Hühner so hoch fliegen können. Paul wird es heiß und kalt zugleich. Was ist, wenn das Huhn nicht von allein wieder runterkommt?

Schnell wickelt Paul das Seil auf und schwingt sich aufs Fahrrad. Als er vom Hof fährt, sieht er immer noch einen weißen Punkt zwischen den Ästen schimmern.

Dann ist der große Tag da. Die Kinder der Voltigiergruppe sollen wie alle anderen am Vormittag zur großen Generalprobe kommen. Als Paul und Sina mit ihren Kostümen im Rucksack den Hügel zum Reiterhof hinaufradeln, fragt Paul Sina: „Sag mal, können Hühner eigentlich fliegen?"

Sina lacht. „So 'n Quatsch! Natürlich nicht wirklich."

Dann überlegt sie. „Oder vielleicht doch. Ein bisschen jedenfalls. Du stellst vielleicht bekloppte Fragen!"

Paul liegt die Sache mit dem Huhn wirklich im Magen. Vor allem, dass er so feige war, einfach abzuhauen. Er kann an gar nichts anderes mehr denken. Ob er es nachher überhaupt schaffen wird, sich auf die Voltigierübungen zu konzentrieren?

Als sie wenig später am Hof von Bauer Franz vorbeifahren, ist von dem Huhn im Baum nichts mehr zu sehen. Da fällt Paul ein Stein vom Herzen und er hat das Gefühl, dass bei der Generalprobe nun nichts mehr schiefgehen kann.

Der Reiterhof ist bereits festlich geschmückt. Über der Einfahrt schaukelt ein Willkommen-Schild und an den kleinen Birken am Wegrand hängen bunte Blüten aus Krepppapier.

Unter dem vorspringenden Dach der großen Scheune stehen Bänke und Biertische mit karierten Tischtüchern. Hier wird später die Cafeteria sein.

„Schau mal, der Herr Fleißig", flüstert Sina und grinst. Der Leiter des Reiterhofes sitzt auf einer Bank und hält die Nase in die Sonne. „Er hat wohl endlich kapiert, dass er sich keine Sorgen zu machen braucht."

Ein wenig später erkennen Paul und Sina, dass Herr Fleißig so ruhig dasitzt, weil er gar nicht

anders kann. Jemand hat ihn nämlich mit Klebeband an die Bank gefesselt.

„Hallo, da seid ihr ja!", ruft Yvonne. Danni und sie hüpfen in Indianerkluft quer über den Hof. Paul zeigt mit dem Daumen über die Schulter. „Was habt ihr denn mit Herrn Fleißig gemacht?", will er von den beiden wissen.

„Das war Anitas Idee", kichert Danni. „Als er bemerkte, dass wir in der Überzahl sind, hat er sich ergeben. Aber nur unter der Bedingung, dass wir ihn ordentlich mit Kaffee, Kuchen und Würstchen versorgen."

Sanne und Nadine sind im Stall. Sie haben Fritzi herausgeputzt. Die mausgraue Stute sieht aus wie ein echtes Indianerpony. Die Mädchen haben ihr nur wenige Zöpfchen gemacht, in die sie große Vogelfedern mit eingeflochten haben. So bleibt die Mähne schön strubbelig. Über der Stirn trägt Fritzi ein perlenbesticktes Band, an dem seitlich geflochtene Lederbändchen baumeln.

„Aber jetzt los, zieht euch um!", rufen die

Mädchen und Paul und Sina verschwinden in den Umkleideräumen.

Paul fühlt sich richtig klasse. Das Kostüm passt perfekt, das Lassowerfen klappt prima, Sina ist mit der Wuschelperücke zufrieden, das Huhn ist gerettet und Fritzi ist ein Indianerpony. Den Verlust der Spielzeugpistole hat er längst verschmerzt.

„Jetzt muss nur noch die Generalprobe klappen!", ruft Paul und schwingt das Lasso über seinem Kopf. Dann stopft er es wieder in den Rucksack, denn es soll ja eine Überraschung sein.

Und wie die Probe klappt! Die lebhafte Westernmusik spornt alle an. Fritzi läuft gleichmäßig und taktfest und die Kinder absolvieren konzentriert ihre Übungen.

„Danni, Sanne, Paul, hepp!", ruft Anita ihre Kommandos und lobt einen nach dem anderen. Heute verpasst keiner seinen Einsatz. Wie die Orgelpfeifen stehen sie auf Fritzis Rücken.

„Macht eine Rolle, wenn ihr abspringt!", ruft

Anita. „Das passt gut zu Cowboys und Indianern."

Und als wäre nicht alles schon toll genug, bittet Anita Paul am Ende der Probe: „Bring Fritzi lieber noch ein bisschen auf die Weide. Dann hat sie noch ein Weilchen ihre Ruhe."

Paul koppelt die Longe ab und hakt den Führstrick fest. Dann verschwindet der Cowboy Paul mit dem Indianerpony auf den saftigen Wiesen des Wilden Westens.

Paul, der Cowboy

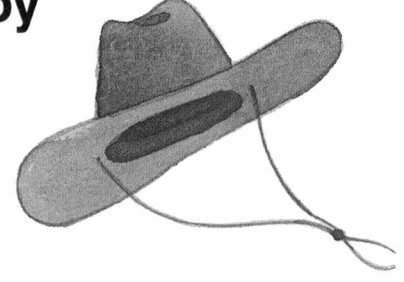

Paul liebt das Geräusch, das Fritzis Hufe
machen, wenn sie durch das hohe Gras stapfen.
Plötzlich verspürt Paul das dringende Bedürfnis,
eine Runde zu reiten.

Mit einem Handgriff ist der Führstrick wie ein
Zügel am Zaumzeug festgemacht und Paul
schwingt sich auf den Pferderücken.

„Yeah! Jippie!", ruft Paul, aber nur so leise,
dass ihn vom Reiterhof keiner hört.

Schade, dass mein Lasso im Rucksack steckt,
denkt Paul und schaut auf die Uhr. Noch sind es
zwei Stunden, bis die ersten Gäste kommen. Er
könnte prima noch ein bisschen üben.

Da entdeckt er am anderen Ende der Weide
eine kleine Gruppe Jungrinder. Plötzlich fühlt
sich Paul wie ein echter Cowboy und drückt

Fritzi sanft die Fersen in die Flanken.

„Hopp, Fritzi, die Rinder treiben wir jetzt ein bisschen über die Weide", flüstert Paul und spürt ein wunderbares Kribbeln im Bauch und unter den Füßen.

Erst weiß Fritzi nicht so genau, was Paul von ihr will, aber dann spannt sie sich plötzlich richtig an, hebt den Kopf und steuert direkt auf die kleine Herde zu.

Vielleicht sind sie ein bisschen zu schnell? Paul zieht am Zügel und versucht, Fritzi zu parieren, denn schon heben die jungen Rinder die Köpfe. Sie schauen Paul erschrocken an, als sei er ein Außerirdischer, und blähen die Nüstern auf.

Paul weiß, dass die jungen Rinder zwar nicht gefährlich, aber manchmal wild und ungestüm sind.

Schließlich machen sie doch, was Paul will. Die drei Färsen spurten in einem Affenzahn vor Fritzi am Zaun entlang. Paul atmet auf und fühlt sich toll. Lässig hält er den Zügel in einer Hand. Doch jeder Zaun führt irgendwann in eine Ecke. Die Rinder denken gar nicht daran, durch die Kurve zu laufen und am Zaun weiterzugehen. Nein, sie hauen die Hufe ins Gras und machen eine Vollbremsung.

„Uaaah!", brüllt Paul und kann Fritzi gerade noch zur Seite lenken. Jetzt wissen die Rinder erst recht nicht mehr, was los ist, und da passiert das Unglück. In ihrer Panik springen die Rinder über den Zaun!

Erst glaubt Paul, er sieht nicht richtig. Dann glaubt er, sein Herz bleibt stehen. Doch dann schlägt es so heftig, dass Paul glaubt, sein Brustkorb platzt.

Wie ein Frosch springt er von Fritzis Rücken und rennt zum Zaun. „Ihr, Blödhammel, ihr könnt doch nicht einfach über den Zaun springen!", schimpft er und klettert in Windeseile hinterher. Paul rupft ein Büschel Gras aus und versucht, die Rinder mit ruhiger Stimme anzulocken. „Kommt, kommt, seid brav."

Die Rinder stehen einen Moment lang verdutzt
da. Dann trotten sie Richtung Wald davon.
„Manitu hilf!", seufzt Paul. Aber er weiß genau,
dass ihm jetzt kein Manitu helfen kann, sondern
höchstens die Squaw Sina.
Schnell knotet er den Führstrick von Fritzis
Zaumzeug und spurtet zum Reiterhof zurück.
Wenn bloß Anita und Jörn nichts davon merken!,
denkt Paul. Herr Fleißig ist ja zum Glück an der
Bank festgeklebt.
Sina hockt gerade in der Sonne und futtert ein
Würstchen.
„Tst, tst!", zischt Paul und macht ihr ein
Zeichen, hinter die Scheune zu kommen.
Völlig außer Atem, erklärt er ihr, was passiert
ist.
Sina verschluckt sich beinahe an dem letzten
Wurstbissen. „Mensch, Paul! Rinder, die mir
nichts, dir nichts über Zäune hüpfen, das gibt's
doch nicht."
Paul packt Sina am Arm und schüttelt sie. „Aber
es stimmt! Wir müssen die Viecher unbedingt

wieder in die Weide kriegen, bevor jemand was merkt."

Sina blickt Paul tief in die Augen. „Paul, bleib locker. Was in diesem Fall überhaupt nicht hilft, ist Hektik. Wir beide trommeln jetzt die Indianer und Cowboys zusammen, dann treffen wir uns wieder hier."

Dass Sina die Ruhe bewahren kann, beeindruckt Paul schwer. In der Cafeteria stöbert er Danni auf, Sanne treffen sie auf dem Gang. Sina hat zum Glück Nadine und Yvonne gefunden. Paul flitzt schnell in die Umkleidekabine, um sein Lasso aus dem Rucksack zu holen.

„Du bist aber auch wirklich zu blöd, Paul!", schimpft Sanne, als er wieder bei den Mädchen ist. „Das ist ganz schön gefährlich, dass die Rinder frei rumlaufen. Stell dir mal vor, die verursachen einen Unfall."

Nadine stößt ihr den Ellenbogen in die Seite. „Ich glaub, der Paul weiß selber, dass das Mist war."

„Jetzt aber los!", ruft Yvonne und greift nach einem Stock, der an der Hauswand lehnt. „Sehen wir zu, dass wir die Mondkälber wieder einfangen."

„Hauptsache, die tun uns nichts", jammert Danni.

„I wo, dazu sind sie selber viel zu feige", behauptet Nadine und stemmt sich die Fäuste in die Seiten. „Aber wenn es dich beruhigt, dann nimm die hier." Sie zückt eine Reitgerte, die sie vorsichtshalber mitgenommen hat, und reicht sie Danni.

Endlich spurten sie los.

„Wir teilen uns in zwei Gruppen auf", kommandiert Sina. „Yvonne, Paul und Danni, ihr geht linksrum. Die anderen beiden kommen mit mir rechtsrum."

Zwei der Rinder haben sie schnell gefunden. Sie sind nur bis in das kleine Wäldchen gelaufen. Dort rupfen sie in aller Ruhe würzige Kräuter und kleine Zweige und scheinen ihre Freiheit zu genießen.

Leise wie Eichhörnchen in Pantoffeln pirschen sich die Cowboys und Indianer heran. Sina gibt ihnen Zeichen, wo sie stehen bleiben sollen, damit die beiden Tiere ihnen nicht entwischen können.

Aber die Sorge war umsonst.

„Mann, die beiden sind ja lammfromm", stellt Sina fest.

Spielend leicht ist das, die Tiere zum Zaun zurückzutreiben.

„Tja, und nun?", fragt Nadine. „Es gibt nur ein einziges Gatter. Und das ist oben am Reiterhof, wo uns jeder sehen kann."

„Vielleicht können wir den Zaun durchzwacken und hinterher wieder zusammendröseln", sagt Sanne, aber die anderen zeigen ihr einen Vogel.

„Erstens bräuchten wir dafür eine Zange", erklärt Sina.

„Zweitens wären dann die Enden zu kurz, um sie wieder aneinanderzudrehen", fügt Paul hinzu.

Schließlich schlüpft die dünne Danni durch den

Zaun, hält sich die Hand
über die Augen und späht
mit ihrem Adlerblick in die
Ferne. Die Feder an ihrem
Hinterkopf steht hoch.
Sie sieht aus wie eine
echte Indianerin, denkt
Paul.

Langsam dreht sich Danni um sich selbst, bis sie
schließlich schreit: „Da! Ich glaube, wir haben
Glück. Komm mit mir, Paul!" Leichtfüßig rennt
sie über die Weide.
Paul mit seinen kürzeren Beinen muss sich
mächtig ins Zeug legen, um mit ihr Schritt zu
halten.

„Schau hier!", ruft Danni.

Paul staunt. Danni hat tatsächlich von Weitem erkannt, dass hier beim oberen Stacheldraht zwei Enden zusammengedreht worden sind.

„Wahrscheinlich war eine Stacheldrahtrolle zu Ende und sie mussten eine neue anfangen", erklärt Danni.

Paul winkt den anderen zu. Sie sollen die Rinder außen am Zaun entlang herübertreiben. In der Zwischenzeit drehen Danni und er die Drahtenden auseinander. Das ist gar nicht so leicht.

„Autsch!" Danni ist abgerutscht. Der Draht hat ihr in den Finger geschnitten. Es blutet ein bisschen. Aber Danni sagt nichts, sondern macht mit zusammengekniffenen Lippen weiter. Tapfere Danni, denkt Paul.

Keine Sekunde zu früh sind sie fertig. Schon stehen die schnaufenden Tiere neben ihnen.

„Über den unteren Draht müssen die beiden springen", stellt Sina fest. „Es nützt nichts."

Danni und Paul treten fest auf den Draht.

Knarzend und quietschend biegt er sich nach unten. Mit einem Schwupp sind die Rinder hinüber. Sie glotzen die Kinder mit ihren großen Augen an, als sei nichts gewesen.

Nadine reibt sich die Hände. „Prima, das hätten wir!"

Paul kratzt sich an der Stirn. „Tja, jetzt brauchen wir nur noch das dritte Rind zu finden."

Die anderen reißen die Augen auf.

„Was?", brüllt Nadine. „Noch eins? Paul, du machst Witze!"

Aber Paul schüttelt den Kopf. Nein, das war kein Witz.

Die Uhr tickt

„Hast du mal auf den Wecker geschaut?", blafft
Sanne und tippt auf ihre Armbanduhr. „Gleich
stehen die ersten Leute auf der Matte!"
Doch ehe Sanne sich in Fahrt schimpfen kann,
ertönt ein lautes „Muh!".
„Verdammt, das kam vom Tümpel herüber!",
schließt Sina messerscharf. „Nichts wie hin!"
Erst können sie das Rind nirgendwo entdecken.
„Da!", ruft Paul. „Spuren!"

Und weil Indianer gute Fährtenleser sind, fällt es ihnen nicht schwer, die Spur zu verfolgen. Gut getarnt mit seinem schwarz-weiß gefleckten Fell, steht das kleine Rind knöcheltief im Ufermatsch des kleinen Tümpels.

Diesmal erweist sich die Rinderjagd als schwieriger. Kaum hört das Tier ein leises Knacken, da spitzt es die Ohren und watet ein Stück weiter.

„Wenn wir nicht aufpassen, dann stapft es gleich ganz in den Tümpel und dann haben wir den Salat", zischt Nadine.

„Können Rinder eigentlich schwimmen?", fragt
Paul besorgt. Aber Sina verdreht nur die Augen.
Paul mit seinen doofen Fragen. Natürlich
können Rinder schwimmen!

„Wir haben keine Wahl", flüstert Sina. „Zwei
von uns müssen außen um den Tümpel rum und
das Vieh von hinten raustreiben. Paul, du
natürlich, und wer noch?"

„Ich", antwortet Nadine und macht sich mit Paul
auf den Weg.

Der Schlamm ist zäh wie Kaugummi. Im Nu sind
Pauls Schuhe total versaut. Nadine war
schlauer. Sie ist aus den Schuhen geschlüpft
und stakst barfüßig durch den Matsch.

„Holla!", ruft Paul und wedelt mit den Armen.
Das Rind springt tatsächlich aus dem Tümpel.
Doch es kracht mit einem Höllentempo durch
das Unterholz. Sofort nehmen die Indianer die
Verfolgung auf.

Nadine verzieht das Gesicht, als sie mit ihren
Matschfüßen wieder in die Schuhe steigt, und
humpelt hinter den anderen her, als müsste sie

über heiße Kohlen laufen.

Erst am Waldrand bleibt das Rind stehen. Sina macht den Indianern ein Zeichen, sich im Gebüsch zu verstecken.

„Umzingeln!", kommandiert Sina kurz und leise. Die Indianer haben verstanden und werfen sich auf die Bäuche. Fast lautlos robben sie durch das kniehohe Gras, bis sie einen Kreis um das Rind gebildet haben. Erst dann stehen sie langsam auf.

Das Rind zuckt zusammen. Seine puscheligen Ohren drehen sich von vorn nach hinten und wieder zurück.

„Ho, ho!", brummt Sina leise, um es zu beruhigen.

Aber so leicht will das Tier seine neu gewonnene Freiheit nicht wieder aufgeben. Mit aufgestelltem Schwanz prescht es los, direkt auf Danni zu.

Die hebt mutig die Reitgerte und brüllt: „Halt! Halt!" Sofort wird das Rind langsamer, aber Danni springt dann doch lieber zur Seite und sieht zu, wie das Tier gemächlich an ihr vorbeitrottet. In sicherem Abstand bleibt es stehen.

„Du Dussel!", motzt Sanne. „Jetzt geht es uns wieder durch die Lappen und die Zeit rennt uns davon."

„Bestimmt fragt Anita sich schon, wo wir bleiben", jammert Yvonne. „Wir müssen zum Reiterhof zurück."

„Aber wir können das Vieh nicht einfach hier rumlaufen lassen", erklärt Sina.

„Und wenn doch?", sagt Sanne. „Ist doch alles nur Pauls Schuld."

„Genau", sagt Yvonne. „Das weiß doch keiner, wer dahintersteckt. Das Kalb kann ja auch von allein ausgebrochen sein."

Nadine schüttelt heftig den Kopf. „Also ich will das nicht auf meine Kappe nehmen, wenn was passiert. Das wäre doch gelacht, wenn wir Indianer das Vieh nicht einfangen können. Wir müssen zusammenhalten."

Sina schaut sich um. „Wo steckt denn überhaupt Paul?"

Sanne rümpft die Nase. „Der hat sich doch wohl nicht verkrümelt? Das wäre ja noch schöner."

Aber Paul hat ganz anderes im Sinn. Sehr vorsichtig schleicht er aus dem Gebüsch. Erst zögert er. Das Rind steht noch ziemlich weit weg. Doch dann wagt er es doch und wirft sein Lasso, so fest und so gut er kann! Das Rind fährt erschrocken zusammen und springt zur Seite. Paul hält die Luft an, denn das Seil verfehlt den Kopf um Haaresbreite. Doch plötzlich macht es „ssst".

„Das Lasso ist am Horn hängen geblieben!",
schreit Sina triumphierend. „Schnell, Paul, zieh
es zu!"
Paul hat Glück. Die Schlinge schließt sich um
das eine Horn, ohne abzurutschen.
„Haltet euch lieber zurück!", warnt Paul die
anderen. „Das Vieh ist bestimmt stinksauer."
So zieht er das Rind an der langen Leine zu der
Lücke im Zaun, während die Indianer in
sicherem Abstand folgen. Spielend leicht kriegt
Paul jetzt den Draht auseinander, den sie nur
notdürftig zugedreht hatten. Trotzdem hämmert
sein Herz wie wild.
Nur widerstrebend folgt ihm das große Kalb auf
die Weide. Paul zieht ein bisschen fester an dem
Strick. Was, wenn das Seil doch noch abrutscht
und das Kalb plötzlich anfängt zu toben? Mit
einem Mal bleibt das Tier stehen und schüttelt
heftig den Kopf!
„Neiiiin!", ruft Paul und hält die Luft an. Die
Indianer stehen wie erstarrt da. Keiner wagt,
sich zu bewegen.

Aber das Seil hat gehalten! Erleichtert bückt sich
Paul, rupft ein Büschel Gras aus und lockt das
Rind. Dabei zieht er vorsichtig am Lasso.
Endlich, noch drei Schritte, noch zwei, noch
einer, dann ist das Rind über den unteren Draht
gestiegen. Schließlich stehen sie sich Auge in
Auge gegenüber.
Langsam, ganz langsam wickelt Paul den Strick
auf und nähert sich dem Rind.
Da ist es wieder, dieses kribbelnde Gefühl im
Bauch und unter den Füßen. Endlich kann Paul
den Arm ausstrecken und die Schlinge lösen.
Geschafft! Alle Rinder sind wieder sicher auf der

Weide. Die Indianer stehen am Weidezaun und
klatschen Beifall. Jetzt fühlt sich Paul wirklich
wie ein Cowboy!

Yvonne wirft einen besorgten Blick auf ihre Uhr.
„Jetzt aber Tempo, wir müssen zurück."

„Schnell, dreht den Zaun wieder zusammen",
kommandiert Sina, als Paul ihr auf die Schulter
tippt.

„Sag mal, wo hast du denn deine Perücke?"
Sina fasst sich an den Kopf. „Himmel! Die muss
ich irgendwo verloren haben! Wir müssen sie
wiederfinden!"

Erdbeereis für die Indianer

„Das darf doch wohl nicht wahr sein!", stöhnt
Sanne. „Ihr könnt machen, was ihr wollt. Ich geh
jetzt zurück."
Aber Nadine stellt sich ihr breitbeinig in den
Weg. „Von wegen. Wenn wir gemeinsam
suchen, geht es doch viel schneller."
„Außerdem wirst du doch wohl kaum allein
unser Programm vorführen, oder?", fügt Paul
schnippisch hinzu.
Also schwärmen die Cowboys und Indianer ein
drittes Mal aus. Sina selbst ist es, die die
Perücke wieder findet. Direkt am Waldrand
hängt sie in einem Busch, aufgespießt auf einem
Zweig.
Eilig zieht Sina sie sich auf den Kopf und grinst.
Jetzt ist sie noch strubbeliger als vorher!

Auf der großen Wiese vor dem Reiterhof
stehen bereits jede Menge Autos und
Pferdeanhänger. Einige Besucher sitzen schon
in der Cafeteria und lassen sich den Kuchen
schmecken. Auch aus den Ställen dringen
Stimmen. Herrn Fleißig hat man von seiner
Bank befreit. Er unterhält sich mit Leuten aus
dem Gemeinderat.

Anita hat Fritzi längst in die Halle geholt.

„So viele Leute!", staunt Danni, denn auf der
Tribüne drängeln sich die Menschen. Schnell
schlüpfen die Voltigierer in ihre
Turnschläppchen.

Man sieht es Anita an, dass ihr ein riesengroßer
Stein vom Herzen fällt, als die Cowboys und
Indianer endlich in die Halle stürmen.

„Wo seid ihr gewesen?", zischt sie. Doch dann
muss sie sehr mit sich ringen, um nicht laut
loszulachen. So eine Horde hat sie ja noch nie
gesehen!

Nadines Chaps und Pauls Hosenbeine sind
völlig verschlammt. Danni hat sich ein weißes

Taschentuch mit einer großen Schleife um den verletzten Finger geknotet und ihre Feder hängt seitlich am Kopf. Sanne und Yvonne haben Moos und Zweige in den Haaren und Erde im Gesicht und Sina sieht aus, als sei ihr der Föhn explodiert. Und alle zusammen haben sie hochrote Köpfe und sind außer Puste. Aber sie strahlen übers ganze Gesicht!

Lachend schüttelt Anita den Kopf und gibt Jörn ein Zeichen, die Musik zu starten. Los geht's! Die Vorführung klappt tadellos. Sogar Pauls Lassoüberraschung gelingt gut und so gibt es am Ende für Fritzi und die Kinder aus dem Wilden Westen tosenden Applaus.

„Puh! Endlich Pause", sagt Paul. „Und noch mal danke. Was hätte ich nur ohne euch gemacht."

Er weiß, was die Freunde jetzt von ihm erwarten, und zieht einen Geldschein aus der Hosentasche. „Kommt, jetzt gibt's erst mal Erdbeereis für alle."

Ballettgeschichten
978-3-401-70050-2

Rittergeschichten
978-3-401-70133-2

Pferdegeschichten
978-3-401-70048-9

Freundschaftsgeschichten
978-3-401-70074-8

Jeder Band: Ab 7/8 Jahren • **Kurze Geschichten** • Durchgehend farbig illustriert
72 Seiten • Gebunden • Format 15,9 x 21,1 cm

Mit Bücherbärfigur am Lesebändchen

Kurze Geschichten zu einem Thema für fortgeschrittene Leser

Hoher Illustrationsanteil

Fibelschrift

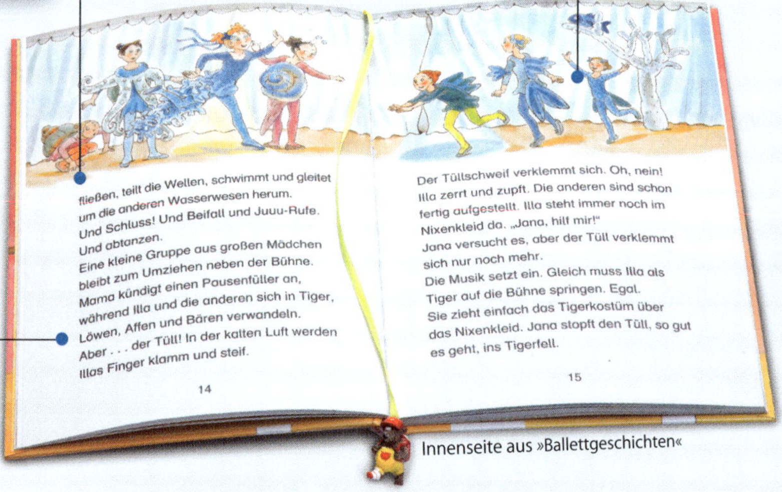

fließen, teilt die Wellen, schwimmt und gleitet um die anderen Wasserwesen herum. Und Schluss! Und Beifall und Juuu-Rufe. Und abtanzen.
Eine kleine Gruppe aus großen Mädchen bleibt zum Umziehen neben der Bühne. Mama kündigt einen Pausenfüller an, während Illa und die anderen sich in Tiger, Löwen, Affen und Bären verwandeln. Aber . . . der Tüll! In der kalten Luft werden Illas Finger klamm und steif.

14

Der Tüllschweif verklemmt sich. Oh, nein! Illa zerrt und zupft. Die anderen sind schon fertig aufgestellt. Illa steht immer noch im Nixenkleid da. „Jana, hilf mir!"
Jana versucht es, aber der Tüll verklemmt sich nur noch mehr.
Die Musik setzt ein. Gleich muss Illa als Tiger auf die Bühne springen. Egal.
Sie zieht einfach das Tigerkostüm über das Nixenkleid. Jana stopft den Tüll, so gut es geht, ins Tigerfell.

15

Innenseite aus »Ballettgeschichten«

In mehreren Geschichten für geübtere Leser zu einem attraktiven Kinderthema gibt es viel Spannendes und Neues zu entdecken. Alle Geschichten sind von bekannten Autoren.

In Zusammenarbeit
westermann

Christina Koenig
Ponyhimmel Nr. 7

978-3-401-50635-7

Das Glück hat vier Beine

Paula ist glücklich, denn sie lebt jetzt auf dem Ferienhof Ponyhimmel Nr. 7. Schade nur, dass sie ihre alten Freundinnen nicht mehr so oft sehen kann. Und auf dem Nachbarhof wohnt die eingebildete Rosa. Doch schon am ersten Tag werden Rosas Pferde gestohlen und die Mädchen müssen zusammenhalten. Ob sie dabei auch Freundinnen werden?

Super-Glück im Doppelpack!

Auf dem Ferienhof Ponyhimmel Nr. 7 herrscht große Aufregung: Ein Pferd soll eingeschläfert werden. Und das nur, weil es alt ist. Paula nimmt die Rettung gleich selbst in die Hand. Und alle Ferienkinder werden mit eingespannt – auch Paulas neue Freundin Rosa. Während sie eine Benefiz-Veranstaltung organisieren, wird ihre Freundschaft jedoch auf eine harte Probe gestellt ...

978-3-401-50636-4

978-3-401-50637-1

Beste Freundinnen im Pony-Glück

Paula bekommt Besuch von ihren Freundinnen aus Berlin, und Rosa fühlt sich wie das fünfte Rad am Wagen. Dann verschwindet auch noch Pony Patti, und dabei soll ihr Fohlen doch bald geboren werden ... Jetzt müssen die Mädchen beweisen, dass beste Freundinnen immer zusammenhalten!

Jeder Band:
88 Seiten • Arena Taschenbuch
Mit Illustrationen
www.arena-verlag.de

Katja Alves
Der Muffin-Club

Die süßeste Bande der Welt
ISBN 978-3-401-70129-5

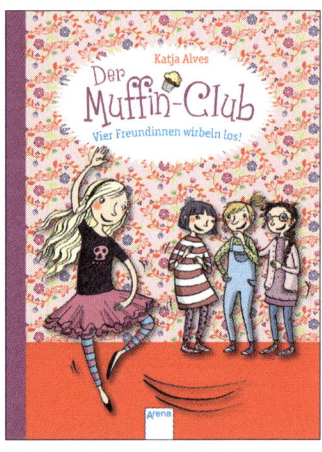

Vier Freundinnen wirbeln los!
ISBN 978-3-401-70130-1

Beste Freundinnen und das Super-Kaninchen
ISBN 978-3-401-70402-9

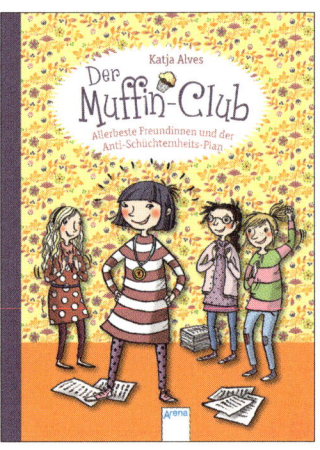

Allerbeste Freundinnen und der Anti-Schüchternheits-Plan
ISBN 978-3-401-70419-7

Auch als E-Books erhältlich
Als Hörbücher bei Arena audio

Jeder Band:
104 Seiten • Gebunden
Mit Illustrationen von Elli Bruder
www.arena-verlag.de